Roda das encarnações

SÓNIA SULTUANE

kapulana

São Paulo
2017

Copyright©2016 Fundação Fernando Leite Couto (Moçambique)
Copyright©2017 Editora Kapulana Ltda.
Copyright do texto©2017 Sónia Sultuane

A editora optou por manter a grafia original do texto, com nota final sobre o Acordo Ortográfico da Língua Portuguesa de 1990.

Coordenação editorial: Rosana Morais Weg
Projeto gráfico: Amanda de Azevedo
Capa e vinhetas: Amanda de Azevedo

Dados Internacionais de Catalogação na Publicação (CIP)
(Câmara Brasileira do Livro, SP, Brasil)

Sultuane, Sónia
  Roda das encarnações/ Sónia Sultuane; [ilustração Amanda de Azevedo]. – São Paulo: Kapulana, 2017. – (Série Vozes da África)

  ISBN: 978-85-68846-29-2

  1. Literatura africana 2. Poesia moçambicana I. Azevedo, Amanda de. II. Título III. Série.

17-07947   CDD-869.1

Índices para catálogo sistemático:
1. Poesia: Literatura moçambicana   869.1

2017

Reprodução proibida (Lei 9.610/98).
Todos os direitos desta edição reservados à Editora Kapulana Ltda.
Rua Henrique Schaumann, 414, 3° andar, CEP 05413-010, São Paulo, SP, Brasil.
editora@kapulana.com.br – www.kapulana.com.br

Apresentação 09

Roda das Encarnações 13
Vocabulário 14
Pontuação 15
Gramática 16
Sílabas 17
Restos de verbos 18
Palavras 19
Ouvir novamente o amor 20
Cheira a tu e eu 21
Entrada para o céu 22
Na asa do amor 23
Em forma de gente 24
Um poema de descontentamento 25
Bússola do tempo 26
Teu sorriso 27
Coração remendado 28
Velhice 29
Consciência 30
O nosso jardim 31
Naufrágio 32
Na tua janela 33
Jaipur 34
Cozinhados 35
Lábios 36
Fome 37
Ó Deus dos Homens 38
Alma inquieta 39
De que mundo venho? 40
Os teus erres 41

Horas afortunadas me irão trazer um sentir novo 42
Em cada dia que passa e em que renasço 43
Na balança de Deus 44
Sento-me num banco qualquer 45
Sentada na fonte da vida 46
Pediste-me para fechar a porta 47
Cada realidade 48
Por mim 49
Vasculhando memórias 50
Os sons da alma – *don't cry* 51
Naquela hora 52
Vim cheia de saudades 53
Fases da lua 54
Alô 55
Samurai 56
Bem longe do meu altar prometido 57
Mrs. Vida 58
Colo da minha mãe 59
No paraíso 60
O que daria eu se o vento me levasse 61
Teu coração 62
Nada é puro aqui, onde existimos 63
Uma flor chamada amor 64
Nostalgia 65
Segura na minha mão 66
Gratidão 67
Nave ancorada 68
Estranhamente, estranha 69
Que dá voz ao meu coração 70
Penso despertar em mim belezas ocultas 71
O teu nome é paixão 72
Arco-íris 73

É hoje que te beijarei até ao fundo da alma 74
I could kill for your touch 75
Melodia 76
Significado da vida 77
Desejo 78
Templo vivo 79
Vida inteira 80

Posfácio, por Franscisco Noa 83
A autora 87

Apresentação

A Editora Kapulana tem a honra de oferecer aos leitores brasileiros mais uma obra de sua série "Vozes da África": *Roda das encarnações*, de Sónia Sultuane. É o quarto livro de poesias da escritora moçambicana, e o primeiro lançado no Brasil.

SÓNIA SULTUANE é artista no sentido plural. É poeta, artista plástica, gestora de comunicação e intérprete de múltiplas emoções. Nascida em Moçambique, de origem muçulmana, viveu sua primeira infância no norte de Moçambique, em Nacala, e mudou-se com a família, ainda menina, para a capital Maputo, grande cidade no sul desse país da África Austral. Maputo e Nacala, duas cidades portuárias banhadas pelo Oceano Índico.

Sónia Sultuane emociona o leitor ao trazer à tona, por meio da poesia, suas impressões mais profundas, reveladoras das marcas de seu percurso como mulher, mãe, poeta e trabalhadora. Seus versos transportam o leitor por um universo sensorial e místico, com movimentos harmoniosos, no tempo e no espaço, por mares, ares e terras, em meio a odores, sons, imagens e texturas surpreendentes. As vivências espiritual e terrena enredam-se, assim, na mesma rota poética.

A Editora Kapulana agradece à autora, sempre atenciosa; a Francisco Noa, que nos apresentou Sónia Sultuane; e à Fundação Fernando Leite Couto, que nos cedeu a obra em prol da cooperação e do intercâmbio cultural entre Moçambique e Brasil.

São Paulo, 07 de agosto de 2017.

Roda das Encarnações

Ao meu filho

Sou os olhos do Universo,
a boca molhada dos oceanos,
as mãos da terra,
sou os dedos das florestas
o amor que brota do nada,
sou a liberdade das palavras quando gritam e rasgam o mundo,
sou o que sinto sem pudor,
sou a liberdade de mãos abertas, agarrando a vida por inteiro
estou em milhares de desejos, em milhares de sentimentos
sou o cosmos
vivendo na harmonia na roda das encarnações.

Vocabulário

Por todos os lugares agrestes e sagrados que piso,
pelas savanas, florestas e montanhas que me povoam,
caminho com as palavras impressas em meus pés
e viajo no mundo a qualquer hora do dia ou da noite
falo em qualquer língua
rezo as palavras das mais diversas religiões
sem amarras ou falsas convicções
no meu coração vive todo o vocabulário
que só eu entendo e comigo caminha
um vocabulário todo ele sentimento, esperança e perdão
para que o amor não morra
esquecido em qualquer canto do universo.

Pontuação

Só tu conheces o texto onde me reescrevo,
só tu sabes onde colocar as vírgulas e os pontos finais,
onde estão as exclamações e as interrogações,
só tu sabes ler nas entrelinhas, nos espaços abreviados em mim,
só tu sabes como corrigir toda a pontuação.

Gramática

Por ti sou
todos os verbos autênticos que conheço,
por ti sou
todas as palavras ainda por se inventarem
por ti sou
as sílabas da minha vida.

Sílabas

Vem escrever nas linhas do meu pensamento
todos os poemas perdidos,
vem recitar silenciosamente os teus anseios por mim,
as palavras certas que roubarão
a minha consciência e a minha razão, e juntos,
entraremos no templo que guarda o livro secreto da vida
para encontrarmos as sílabas (des)fragmentadas.

Restos de verbos

A minha alma quer cantar poemas aluados,
quer rasgar versos prateados,
quer jogar no mar as rimas perdidas na noite de lua cheia,
restos de verbos deitam-se quietos no colo da lua.

Palavras

As palavras são a exterioridade que reveste a minha alma
quando já não guardam mais o fogo que nelas se esconde,
são a cor da alegria da minha alma enamorada pela vida,
mas também o sopro da tristeza que vive em mim escondida,
numa aura invisível aos olhos comuns,
eco intemporal, imortal,
pedaços de mim viajando pelo universo,
de mãos juntas, nesse gesto profundo de respeito,
de cumprimento,
e de humildade perante o outro,
mesmo que a dor me atormente,
nunca esquecerei a palavra da oração,
namaste.

Ouvir novamente o amor

Queria calar a minha boca
para não ter vergonha da minha alma.
Queria calar a minha dor
para não matar o meu coração
queria simplesmente fechar-me no silêncio
para ouvir novamente o amor.

Cheira a tu e eu

Cheira a chuva, a inverno, a neblina, a neve, a nevoeiro
cheira a paredes da lareira em brasa
cheira a vida, a descanso, a saudade
cheira a noite estrelada
a savana densa, a montanha ruidosa, a deserto quente
cheira a mãe, casa, berço, colo,
cheira a solidão,
cheira a tu e eu.

Entrada para o céu

Ao Omar Sultuane

Quando faltarem asas
sopra nas tuas mãos as palavras amarradas.
Voarão em liberdade poemas encantados.

Na asa do amor

Voarei nessa asa do amor
para chegar ao colo da lua.

Em forma de gente

À Florbela Espanca

Em forma de gente que sente
perguntaram-me se ainda escrevo poesia
se ainda sinto a brisa das palavras
os longos vazios decadentes
se ainda sinto as noites gélidas
e as tempestades nos lençóis brancos
onde se deita a solidão e a escrupulosa consciência
perguntaram-me se ainda me rio ao sabor do vento
das tardes quentes e húmidas
se ainda olho feliz o pôr-do-sol
e esboço prosas cheias de palavras e finais contentes.
Sim,
ainda escrevo poesia
e sou poesia que sente
e que tem nos lábios agarradas todas
as sílabas e as vírgulas numa fé permanente.

Um poema de descontentamento

Sou por vezes toda eu
um poema de descontentamento
pela vida das palavras
transposto para doridas mágoas
choradas nas mãos de um guitarrista
qualquer.
Um poema de descontentamento
que enrola os meus sentimentos
num xaile negro e na voz desconhecida
que canta a minha dor.
Mas de repente,
não sei onde, nasce em mim
uma força moral desmesurada
que sobe das entranhas do meu ser,
desconhecida,
ignorada,
brotando como relâmpago
em noite escura
que me impede de amar todos os Homens
com a mesma fé e sabedoria permanentes.

Bússola do tempo

E essas tuas palavras secretas,
segredadas para a eternidade,
ditas em línguas esquecidas,
fortalezas silábicas,
como a bússola do tempo perdido em nós,
nos vícios linguísticos, nos dicionários amarrotados e amarelecidos,
essas tuas palavras gemidas ao vento,
são só tuas... essas tuas palavras!!!

Teu sorriso

Quero ouvir o teu riso,
escutar as tuas confissões,
quero ler as palavras que vais rabiscando,
quero rebolar de contente, ver os teus pés descalços,
quero sentar-me sossegada, esperando por ti,
para que deites em mim, o teu sossego.

Coração remendado

O meu coração está zangado, rasgado,
sangrando todos os ses e os porquês,
mas mesmo assim, mesmo assim,
sei que amanhã vou acordar,
com o coração remendado
com todas as palavras sagradas.

Velhice

Quando souberes que os teus sentimentos, actos e gestos
serão tão leves como as palavras deitadas ao vento,
sem rumo, sem perdão,
então nunca dirás o que não é verdadeiro,
nunca te esqueças, que serão milhares de palavras,
que escreverão a tua história quando fores velho.

Consciência

Cada fio de cabelo branco que ganho,
perco a convicção e o acreditar de que existem grandes verdades,
todos os dias adormeci e acordei contigo
se morresse durante o meu sono estarias ao meu lado sempre.

O nosso jardim

O que permanece no nosso coração,
é o que a alma não esquece
a sementeira é nossa,
as mãos que acariciam as plantas são nossas,
regar não é uma obrigação é um privilégio,
se quisermos ver as flores desabrocharem, as borboletas a chegar,
se quisermos encher o nosso templo com rosas brancas,
a paz que precisamos para rezar aos nossos deuses,
cuidando de quem amamos e dos que nos amam verdadeiramente,
num piscar de olhos podemos deixar de ser jardineiros,
cultivadores de flores de sonhos e de amores.

Naufrágio

Quero soltar a âncora e velejar nesse mapa desconhecido,
e se o mar ficar bravo,
assobiarei aos céus para negociar a rota directa à lua,
e se os ventos forem fortes,
aguentarei firme nas coordenadas dessa viagem da vida.

Na tua janela

Hoje pousei na tua janela para despedir-me,
a tua tristeza é tão profunda e desconcertante,
mas peço-te que guardes as tuas palavras até à primavera,
quando as flores chegarem e perfumarem a tua alma,
digo-te que aí saberás que estarei já bem perto,
para admirar-te novamente no meu jardim primaveril.

Jaipur

Deixei-me cobrir com teus belos saris
amarelos, vermelhos e cor de açafrão
entrei em tua lendária casa
por um dos antigos e mitológicos sete portões,
onde se desvaneceu toda a minha convicção do Ser, saber
deixaste que em ti entrasse este meu Ser visitante
e foste colorindo o meu espírito,
perfumando o meu corpo
convidaste a minha alma a percorrer lugares recônditos
enquanto me sussurravas os teus segredos inauditos
vi Shiva o Deus destruidor, renovador, transformador,
deus da música e das letras,
marcaste mais fundo o meu coração
no recanto que és de amor, dor, pobreza, e esperança
no esquecimento de quem somos o que realmente fomos,
deixaste que me sentasse no teu colo
faminta de amor
e ouvindo repetir o teu nome
Jaipur... Jaipur... Jaipur...
senti que tinha regressado a casa.

Cozinhados

O amor é uma receita feita com ingredientes mágicos
chocolate, baunilha e mel,
cozinhados com alma e deliciados pelo coração.

Lábios

As mulheres
têm os lábios adocicados do pecado
onde nas suas curvas de serpente
passeia o veneno que os homens
não resistem a provar.

Fome

A fome, com cara de menino, tocou-me
os pés e o coração. A fome, no corpo faminto
de um bebé inocente,
sem idade ainda para entender
esse karma que carrega
nem para saber que cada vida exige
uma profunda aprendizagem da alma
neste universo
onde milhões de pessoas por vezes
são iludidas, sem se aperceberem
que ela se mascara de várias maneiras
e inúmeras vezes até
com cara de bebé.

Ó Deus dos Homens

Ao José Craveirinha

Criaste o tempo,
ó Deus dos homens,
para descobrirmos o inimaginável
dentro e fora de nós, do mundo
que não é o nosso.
Mas, ó Deus dos homens!
Vivemos contando os dias e os anos
até sentir que habitamos um mundo mágico,
infinito, imensurável na sua imensidão,
que nos deste livre de preconceitos,
por que nos deixaste escravos do pouco que valemos?
Ó Deus dos homens!
a meu tempo permita que o meu consciente
seja sempre humildemente livre
na tua imensa grandeza,
sem a escravatura de critérios alheios, onde,
distanciados da nossa própria vontade,
somos sempre agrilhoados, não ao nosso Ser,
mas sim ao ter, querer,
na suave e inenarrável beleza que nos deste
de viver a liberdade
sem que nos seja permitido ser livres
com o que sonhamos.

Alma inquieta

Aquecida pelos últimos fios de sol,
onde se adivinhava, mais do que se via,
uma meia lua desvanecida, mas já presente,
parecia-me ouvir os suspiros do Universo
contando-me todos os segredos
dos deuses da minha imaginação,
como se me lesses, menina pequena
que procura adormecer, um livro de contos
pagão e panteísta, fazendo calar o tropel sonoro
da minha alma inquieta, sensorial,
num recanto qualquer
do jardim dos meus sentimentos.

De que mundo venho?

Aninhada aos pés de alguém,
tranquila e quieta
estava numa varanda celestial,
ouvindo fabular histórias
de sofrimento, de dolorosa imaginação,
dos desertos de todos os mundos
do imenso Universo.
Mas alguém me chamou,
benzeu-me com palavras novas,
fez-me a dádiva das vírgulas, dos pontos
e de todos os símbolos da pontuação.
Entregou-me depois a chave criativa
e ordenou-me que partisse
e escrevesse todos os sonhos abençoados
e gravados no meu coração
– sempre maiores do que eu –
tornando-me assim uma vagabunda
no mundo dos sentimentos,
nessa viagem de sonho sem norte nem sul
procurando dentro de mim os desconhecidos
oceanos que me purificarão,
procurando dentro de mim a essência
que mate a minha imensa sede de saber
com a certeza de apenas servir a verdade
do que sou
nesta nova missão espiritual.

Os teus erres

Em memória de Sandra Sultuane

Hoje acordei e as saudades machucaram
lembrei-me do teu sorriso,
das tuas bochechas redondinhas,
de te ouvir chamar Soninha,
hoje senti saudades do volume do teu abraço,
do calor do teu aconchego,
dos teus erres carregados, do teu rato, do teu rei,
da candura da tua voz,
das tuas palavras, da tua simplicidade,
da forma como sabias acarinhar-me
e da forma como entendias
o meu amor silencioso por ti
hoje visito o meu coração para encontrar-te,
hoje visito-te dentro de mim,
e dói pensar que partiste tão cedo
deixando tantos sonhos vazios
hoje doeu novamente
sentir aquele silêncio que senti quando te vi partir
hoje queria tanto
que me chamasses Soninha
minha irmã!!!

Horas afortunadas me irão trazer um sentir novo

Em tempos gloriosos
visitarei todos os templos sagrados escondidos em mim
encontrarei o meu afinador do tempo imaginário
encontrarei o monge vidente do universo e pedir-lhe-ei
que fale com Deus que os dias sejam de lua cheia
que o luar seja sempre eterno.
Que o sol seja a minha tocha para ver o caminho que ainda tenho para seguir
mesmo que o destino seja já um lugar marcado nas linhas das minhas sinas
das vezes que vivi e morri
todas as minhas horas serão afortunadas
quando encontrar os atalhos, um novo sentir
para fugir dos icebergues que estão a crescer dentro de mim.

Em cada dia que passa e em que renasço

Revivo sendo água de todos os mares, de todos os oceanos.
Cresço na liberdade das florestas imitando o canto das aves.
Corro na areia quente dos desertos buscando o tesouro da vida.
Aprendo a ser humana com o calor que recebo do sol
e aprendo a guiar-me pelo misterioso e intenso brilho da lua,
que me faz iluminada e faz a minha alma transparente.
Ah, e aprendo a amar pelo sopro abençoado que Deus me lançou
no momento em que aprendia
os primeiros passos da vida.

Na balança de Deus

A Fernando Leite Couto

O meu olfacto reconhece ao longe
as raízes sanguíneas a que pertenço,
todas essas almas que comigo se cruzam
guardam os aromas do tempo
quem me dera que os corpos mortos
num breve sopro, me pudessem
contar que também para lá da morte
todos os momentos que não partilhamos,
todas as coisas que não dissemos
teremos a oportunidade de fazê-lo
com a mesma intensidade com que aqui fizemos
que a carne apodrece mas os sentimentos
esses são eternos,
que a matéria é uma triste ilusão
é a oportunidade de reencarnarmos
mesmo eu não tendo outro sentir, se não este que conheço
afinal toda a vida vale a pena ser vivida,
pois faz parte do nosso karma
para quando regressarmos, sentados na balança de Deus,
o nosso coração seja pesado com as medidas justas,
e possa ficar equilibrado entre o amor e o perdão.

Sento-me num banco qualquer

Jogada na melancolia do meu ser,
esperando pela vida
e recordando as sílabas
do adeus que pronunciaste,
trémulo, mas verdadeiro,
até anulares a tua voz
talvez para não deixares
as palavras correrem no jardim nocturno
dos nossos sonhos.
as pétalas das rosas murcharam,
assustadas pelo vazio dos nossos sentimentos.
As árvores deixaram de baloiçar ao ritmo dos ventos.
Fez-se silêncio na tarde de verão
e fez-se de repente inverno nos nossos corações.

Sentada na fonte da vida

Olhava a água límpida
vendo reflectir-se a minha inocência
sorria contente, sorria alegremente,
porque a fonte devolvia-me a imagem docemente
embriagada pela surpresa resolvi beber da fonte
e joguei as mãos na água
com as embaraçadas linhas da vida que contêm.
A fonte tornou-se bruscamente turbulenta
e eu perdi para sempre a imagem cristalina
da minha adolescência.

Pediste-me para fechar a porta

Às minhas manhãs sorridentes,
pediste-me para calar o canto dos pássaros
para dar inteira liberdade ao meu desejo.
Pediste-me para apagar todos os meus sonhos.
Pediste-me para não abrir a tempestade das ilusões
nem jogar trovões nos meus sentimentos
e pediste-me, sem dizer porquê, para congelar
toda a esperança de vida
numa única e longa noite fria de inverno,
pediste-me para fechar a porta.

Cada realidade

Vive de acordo com a tua verdade, tua honestidade,
vive de acordo com as tuas crenças, tuas fragilidades,
vive de acordo contigo, só tu conheces a realidade.

Por mim

À Mariza Sultuane

Por mim faço silêncio,
por mim faço um mundo belo,
por mim faço o amor ser eterno
por mim vivo e renasço.

Vasculhando memórias

Vou abrir a gaveta da distância,
para encontrar a saudade,
vou vasculhar nas memórias,
as lembranças do que não vivi!!

Os sons da alma – *don't cry*

E quando mais nada chegar à minha memória,
ouvirei as sinfonias, as valsas, os tangos, as marrabentas,
os rocks e todas as outras melodias, para não deixar morrer afinal tudo que vivi e senti,
nessa liberdade da alma,
de uma memória silenciosa,
onde as frequências e as ondas sonoras,
ainda me tragam tantos suspiros amorosos.

Naquela hora

À Denize Sultuane

Sei que, quando o meu dia chegar, guardarás no teu jardim infinito,
uma sombra para eu me sentar,
para contemplar a vida que vivi,
os meus risos, os meus sonhos, os amores e desamores,
os meus pais, os amigos ou meus irmãos de sangue
e os outros também,
sei que me deixarás tocar nas rosas brancas,
nas orquídeas, nos malmequeres e em todas as margaridas,
e quando tiver vergonha das coisas que fiz para trás,
sei que me deixarás lavar a vergonha com a água benta da tua fonte sagrada,
e deixarás que eu brinque com as borboletas,
os passarinhos e as pequenas joaninhas,
e quando eu estiver pronta e limpa,
os teus portões se abrirão para que eu entre na tua divina mansão,
carregando nas minhas mãos somente flores para te oferecer,
os meus pés de leve pisarão no teu chão purificado,
e o meu coração irá bater ao som do *Adhan, Mashallah!*

Vim cheia de saudades

Vim cheia de saudades,
cheia de pressa para a vida,
beber dos meus sonhos compulsivamente,
embriagar-me
e só levar comigo os momentos, a beleza e a música.

Fases da lua

À Sónia Sultuane, com quem ainda não me cruzei.

Sou feita dessas fases da lua,
às vezes sou quarto minguante, lua nova e outras lua cheia,
sou a repetição dos meus sonhos,
dos meus gostos dos meus gestos,
sou um pedido de palavras bonitas,
diz-me uma coisa bonita!!! diz-me coisas bonitas!!!
mas mais que ouvir, quero sentir esse sentimento
que me enche a alma e me traz esse sorriso de iluminar o mundo,
e apaga qualquer silêncio que em mim habite,
quero sentir esse borboletear,
e quando já não existirem as palavras bonitas,
às confidências genuínas que fiquem as memórias
das tuas mãos a acariciarem a nuca dos meus pensamentos,
digo eu uma coisa bonita!!!
és a memória, a estrela cadente dos meus secretos desejos!!!

Alô

Alô!!! alô!!! Sónia!!! Daqui fala a lua!!!
Temos que ser loucos para que os milagres aconteçam,
temos que ser ousados se quisermos viver verdadeiramente,
temos que ser livres para amar livremente,
temos que saber profundamente que a vida é um belo e precioso instante
para vivê-la intensamente,
teremos os nossos fiéis companheiros
aqueles que por nós foram escolhidos,
esses é que serão os nossos guias,
os guardiões das nossas almas, as nossas almas gémeas,
todos os dias teremos que fazer cócegas ao nosso coração,
para que não nos faltem sorrisos bonitos
e para que não nos falte amor para dar,
e a nossa luz cósmica
possa iluminar o próximo com e de amor incondicional.

Samurai

Serás um dos herdeiros do meu espírito
um legendário do meu coração
as feridas que inflamaste em mim
serão a minha honra
não atormentarão a minha derrota
pretendo hoje alguma coisa?
Não!!! só o esquecimento!!!
Sarar as feridas, as marcas deixadas pela tua espada,
o teu corpo pode fugir de mim
a tua presença também
mas permanecerei nos teus pensamentos
sempre que revisitares as tuas desonrosas batalhas.

Bem longe do meu altar prometido

Ao Sultane Jabar

Abriram-se as asas dos meus pés
voei para escrever no céu os meus sonhos
que caíam ao chão aos pedaços, cobertos pelo meu cabelo,
com as minhas lágrimas
lavei o meu rosto para poder novamente olhar a vida,
muito longe da minha Índia,
sem purificação ou bênção dos meus deuses,
fiquei nua,
fiquei sem o manto feminino,
sou rapaz com alma de mulher
bem longe do meu altar prometido.

Mrs. Vida

Aprendi que a solidão é um lugar
que só ficamos,
se nos perdermos de nós próprios,
porque de mãos dadas
haverá sempre arco-íris e belo pôr-de-sol
para novamente contemplar.
Ao som de um sorriso inocente de uma criança
a vida será sempre redescoberta,
a dor é terrível é um lugar de provação,
de julgamento de superação,
é o abismo entre o acreditar ou desistir dos nossos deuses
dos nossos santos ou anjos da guarda,
mas como a vontade de viver é do próprio tamanho da vida,
quero ainda amar todas as minhas luas,
pois não há solidão ou dor que já me tenha sido
sentenciada para a resto da vida.

Colo da minha mãe

À minha mãe

Hoje vi uma borboleta pequena,
que escrevia no ar uma grande pauta musical,
maior do que ela, ela insistia, insistia,
em chamar a minha atenção,
ajoelhei-me para escutá-la, chorei de emoção,
ela disse-me,
diz à tua mãe,
que no seu colo,
quando ela te embalava,
ouviste a música mais bela do seu coração.

No paraíso

Um dia conheci um lugar,
onde o silêncio é húmido,
as sombras falam,
e os corpos flutuam
não me perguntem onde é!
...não sei explicar...!!!
Apenas sei que estava no paraíso
sim, era, definitivamente o paraíso,
não conheço o caminho,
mas sempre que lá estou,
fecho os olhos, e cheiro-lhe a alma...!!!

O que daria eu se o vento me levasse

Ouço a chuva que lá fora
bate nos vidros da janela
embaciada do meu quarto
e sinto nesse insistente bater
a minha solidão
enquanto escorrem finas
lâminas de gelo nos canteiros
desenhando transparentes silhuetas
sem emoção
enquanto me arde por dentro o desejo
de aquecer o meu rosto agredido
pelo vento gélido
ah, o que daria eu se esse mesmo vento
me levasse, confessando-te
que as minhas mãos embora mortas
de frio
estão sedentas para abraçar a vida
e que a minha alma procura
na tarde melancólica
e vestida de branco o fogo que há
em mim para aquecer-me o coração.

Teu coração

Deixa-me marcar o tempo.
Amar-te. Estou aqui.
Deita a tua alma na minha
que abraçarei o teu coração,
que eu possa sentir a tua vida, a tua existência,
viver do amor, do e no outro,
estou aqui.

Nada é puro aqui, onde existimos

Mas mesmo assim arrisco em crer no amor
não no amor do corpo, do prazer, do êxtase
mas no amor, do pão, da caridade, da partilha
no amor que me foi incondicional doado
para resgatar dentro de mim a minha consciência
arrisco em crer no amor que me torna responsável pela humanidade,
que me faz ver no espelho da vida a minha própria existência
creio nesse amor
porque Deus faz com que todos os dias
eu veja como é magnificamente belo amar,
somente amar.

Uma flor chamada amor

Deus criou lugares únicos e especiais
o jardim afectuoso e amoroso é um deles
cada abraço, cada sorriso
espalha o cheiro das flores vistosas que vemos
discretamente partilharem
como o amor ardente e apaixonado, é a vida,
todos os momentos que temos a bênção de testemunhar
vemos a força, beleza e simplicidade
das flores do campo ou de um simples canteiro
que querem muito estimar
porque sempre existirá uma flor para dedicar
porque sempre haverá um pedaço de céu para semear
que o Universo seja um jardim imenso
para que todos os dias possam trocar
uma flor especial para renovar.

Nostalgia

Lembro-me das pessoas de que gosto,
sem motivos sem obrigações,
enche-me a alma quando nos meus dias,
dos que ainda por cá estão, e os que partiram também,
no cheiro de um perfume, numa música, num poema, num manjar,
nos livros, nas receitas que trocamos,
nos ensinamentos partilhados,
nos abraços, nas brincadeiras, nos sorrisos intermináveis,
nas fofocas, nas confidências, nos longos suspiros ou vazios,
nas lágrimas quentes, nos abanões, nos puxões de orelha,
enchem-me sim a alma as lembranças do que vivi,
cada um deixou um pedaço de si em mim,
o amor, o afecto, os sentimentos,
a minha alma está cheia,
de um pedaço de todos.

Segura na minha mão

À Fátima Sultuane

O amor é sentido por gestos, por afectos, não por palavras em vão,
o amor é sentido pelas ausências,
pela dor que é do outro e passa a ser nossa,
pelo medo do outro partir,
amor é dar o ombro ao outro para se deitar, para descansar, quando a vida parece fugir,
é anularmo-nos para quem precisa de nós,
amor não é descartar, mentir, fugir, fingir,
o nosso relógio deixa de fazer sentido deixa de marcar o tempo, amar é dizer estou aqui
deita a tua alma na minha que abraçarei o teu coração,
para que eu possa sentir
cada batimento da tua vida, da tua existência,
amor é viver do outro e no outro.

Gratidão

Todos os dias tenho mãos desconhecidas que me seguram,
que me abraçam que limpam as feridas escondidas em mim.
Todos os dias recebo sorrisos que amolecem o meu coração,
todos os meus medos e os meus porquês,
choro em silêncio
pois estou profundamente grata a Deus
e a todos que estão a fazer esta caminhada e este descobrimento da vida comigo,
afinal tenho tantos anjos da guarda feitos gente
a ajudar-me a agarrar esta fé e coragem
para seguir em frente,
sinto-me impotente pois não sei como retribuir este amor,
a vida é realmente bela e vale a pena lutar por ela.

Nave ancorada

Sei das más coisas do amor,
mas não tenho coragem de fugir dele.
Sei quanto o amor,
da mesma forma que ama, magoa,
mas não tenho coragem nem vontade
de o afastar de mim.
Entrancei-o no meu coração
para que nos tornássemos uma coisa só,
enquanto fazia daquilo que sou
a nave ancorada de uma viagem
que não acontece,
deixando-me apenas sonhando
com estrelas cadentes,
sabendo bem que enquanto caem cem
logo nascerão mil
num breve sopro que ocorra no imenso
Universo.
Ah, quanto sei das más coisas do amor!
E quem dessas suas coisas não saiba,
que fuja dele.

Estranhamente, estranha

É isso mesmo, é essa melodia forte,
esse som da saudade, o grito do coração,
o suavizar da harpa, é essa linguagem musical profunda
que não sabemos definir,
é essa intensidade da alma que mata as palavras que procuro para descrever...!!!
Sim, eu conheço... e como conheço!!!
dizer que é magnífico, belo, único, é muito pouco
para o que a minha alma me conta e sente
cada vez que o teu cheiro me invade fico sem jeito
aliás fico sempre sem jeito,
modifico-me, altero-me, sinto-me estranha,
estranhamente estranha dentro do meu corpo,
e procuro descobrir-me através de ti!!!
Guiada numa viagem alucinante,
apenas com a certeza de que tenho medo dessa beleza.

Que dá voz ao meu coração

Pensar na palavra amor é dar voz ao coração,
numa linguagem profunda que ressoa em todo o meu
corpo apaixonado, é muito pouco.
Porque a palavra amor soa como o toque de uma harpa indiana,
o suave e articulado gemido de uma flauta andina, ou tudo
o que é magnífico, belo e único que comove a minha alma e
me altera, me modifica e me torna estranha dentro do meu
corpo apaixonado, forçando a procurar-me através de ti,
numa viagem sem roteiro, nem objectivo,
apenas com a certeza de que tenho medo da palavra
que dá voz ao meu coração.

Penso despertar em mim belezas ocultas

Tenho em mim esta garra
que me transforma
nessas mulheres de vários karmas
mulher agreste, selvagem,
mulher luz, mulher poente
mulher confusa, mulher vidente
fico desperta quando descubro
que já vivi em outros mundos
com belezas ocultas de deusa, peregrina, supérflua, feiticeira,
todas guardadas nas profundezas do meu sangue,
da minha alma velha, mas de menina ainda contente.

O teu nome é paixão

Uma mão cheia de sentidos ocultos
apenas revelados em momentos mágicos e únicos,
raramente chamo o teu nome, amor,
porque cada sílaba desse nome é um pedaço do mapa do tesouro
que é apenas meu.
E embora por vezes, sem palavras, surpreendida por um
estado de alma que não sei explicar,
sinto que toda eu sou um poema dos sentidos, exuberante,
cheia de viço e força, como se o meu corpo fosse um tronco
onde o látex rebenta em belas lágrimas de âmbar.
Sinto-me analfabeta do amor, face à grandeza do teu amor
sim o teu amor!!!... e que amor!!!...
Arrasta contigo a imagem de um homem
onde inadvertidamente descubro a beleza
que representa.
Um homem que carrega nos ombros, como Atlas,
toneladas de carinho, sacos de sorrisos,
machambas de ternura, que generosamente
oferece mas escondendo a mão,
precisando que te digam
quanto és importante
escondes na sombra a tua beleza,
abençoas com o teu simples respirar
o mundo que te rodeia, mostrando apenas
a grandeza da tua simplicidade, reduzindo a nada
a generosa inspiração dessa palavra.
Procuro-te a caminho da Índia, porque é intenso
o teu odor, e eu estou ansiosa pela plenitude
de o cheirar, e novamente amar.

Arco-íris

À Tagore

Quero um jardim cheio de flores, borboletas e ilusões,
quero um jardim cheio de passarinhos e pavões
quero um jardim com uma paleta de cores
beijando-me o rosto sossegadamente
num grande arco-íris de amor.

É hoje que te beijarei até ao fundo da alma

Em todos os contornos do teu corpo
e na essência do odor
da tua pele suada de desejo.
É hoje que te inflamarei de ardor
para que sintas, enfim, a ilusão
de seres livre
na escravidão do teu amor.
É hoje que te darei a pureza da água,
o gorjeio dos pássaros sonoros,
a imensidão do Universo
na magia de todas as suas cores.
É hoje que me transformarei no arco-íris,
e darei à minha alegria a sedução de um canto de sereia
e te cobrirei, ternamente, com a certeza do meu amor
por inteiro.

I could kill for your touch

Nestas noites vazias e que fico desperta,
nesta distância que dói,
nesta vontade de descobrir o teu corpo, o teu cheiro o teu gosto,
neste desejo silencioso do inesperado, do incerto,
nessa voz que já me cala ou aconchega,
nessas sílabas nocturnas já dispersas,
era capaz de sonhar só para sentir a tua mão na minha carne desnuda
era capaz de sonhar só para sentir o teu calor cobrir-me
era capaz de sonhar só para ser tua.

Melodia

A Eduardo White

Quero o silêncio
para descansar nele
todos os ruídos do mundo.
Quero o silêncio
para ouvir
a música mais bela da vida
a melodia do meu coração!!!

Significado da vida

Ao Meu Pai

Um dia sonharei o dia
e acordarei perdida,
na asa nocturna divina,
um dia encontrarei o significado da vida.

Desejo

Quero sufragar teus beijos doces e ternos,
com gosto de salivado açúcar.
Degustar o teu virgem sabor percorrendo-me os lábios,
e a carne tenra pressentindo o fresco orvalho
do dia límpido que vai nascer sobre os lençóis brancos,
bordados de espigas eriçadas e de sonhos por desabrochar.
Quero-te dentro de mim procurando com a língua
entre os meus lábios todos os mistérios do prazer
e sentir nos teus olhos cerrados o desejo agarrando-me a alma,
enquanto tocas a minha pele dourada coberta pela tua,
sentindo a breve ondulação dos meus seios pequenos,
macios, fazendo-te cócegas na boca – o meu desejo sorrindo,
porque me quero feminina e toda tua.

Templo vivo

Embarcar na asa da lua,
voltar para os braços do meu templo vivo,
adormecer em paz na almofada dos meus segredos,
acordar e respirar a brisa da vida.

Vida inteira

Passamos uma vida inteira,
a desperdiçar momentos mágicos
que seriam uma vida inteira,
se verdadeiramente vividos.

Posfácio[1]

FRANCISCO NOA
Pesquisador, ensaísta e Professor Doutor em Literaturas Africanas, na Universidade Eduardo Mondlane, em Maputo, Moçambique. Reitor da Universidade Lúrio (UniLúrio), em Nampula, Moçambique.

Este é o quarto livro de poesia de Sónia Sultuane – *Sonhos* (2001), *Imaginar o Poetizado* (2006) e *No Colo da Lua* (2008) – e que se inscreve numa singular trajetória de uma escalada em que o acento na sensação se afirma como inapagável imagem de marca. Marca que adquire agora novos contornos, já insinuados em *No Colo da Lua*, onde claramente o misticismo se posiciona para funcionar como expressão apoteótica (ou superação?) da volúpia sensorial que define o estilo criativo desta voz que se insinua nesta e noutras margens do Índico.

E é logo o título que nos prepara não para uma ruptura, ou inversão, mas para uma espécie de aliança estruturante entre o pendor sensorial e o apelo místico. A roda das encarnações convoca necessariamente as doutrinas sobre a transmigração da alma ao longo de tempos imemoriais, de vidas anteriores, de emoções não resolvidas nessas mesmas vidas. Isto é, aquilo a que vulgarmente se chama *karma* ou destino e que teria a ver com o ciclo de intenções, ações e consequências que precisa ser quebrado para ultrapassar e resolver uma espécie de bloqueio encerrado... *na roda das encarnações*.

E a poesia parece funcionar, neste caso, como tentativa de purificação, de redenção e de sublimação dos desequilíbrios e das cargas negativas acumuladas nas diferentes vidas passadas. Obviamente, tudo isto só fará sentido para quem acredita na encarnação. Falo, entre outros, dos praticantes do hinduísmo, do budismo, ou das doutrinas místicas do Egito antigo. O espiritismo, entretanto, entende que essa transmigração não pode ser aleatória, mas deve representar uma progressão.

---

[1] Prefácio da 1ª edição moçambicana de *Roda das Encarnações*, de Sónia Sultuane, 2016 (Fundação Fernando Leite Couto). A ortografia foi atualizada em conformidade com o Acordo Ortográfico de 1990.

Outra possibilidade, para quem não entende ou se distancia destas doutrinas, a decisão mais razoável, porque pragmática, é a do leitor fazer um pacto tácito e comunicativo com os poemas que esta obra nos proporciona e que oscilam entre a materialidade algumas vezes crua das sensações e a espiritualização das mesmas.

No poema a abrir, "Roda das Encarnações", título homónimo da obra, os dados ficam lançados:

> Sou os olhos do Universo,
> a boca molhada dos oceanos,
> as mãos da terra,
> sou os dedos das florestas,
> o amor que brota do nada,
> sou a liberdade das palavras quando gritam e rasgam o
> mundo,
> sou o que sinto sem pudor,
> [...]
> sou o cosmos
> vivendo na harmonia da roda das encarnações.

Surpreendemos, aqui, aquela que vai ser a nota dominante, contraditória por um lado, mas ao mesmo tempo conciliatória entre uma dimensão transcendente, cósmica (*Sou os olhos do Universo/ sou o cosmos/ vivendo na harmonia da roda das encarnações*) e uma dimensão sensualista, com um caráter transgressivo e lúbrico (*sou o que sinto sem pudor*). Neste particular, é como se assistíssemos a uma deriva pessoana de *sentir tudo de todas as maneiras* ou de então *viver tudo de todos os lados*, como se o sentir fosse, para todos os efeitos, uma espécie de centro existencial. Veja-se "Alma Inquieta":

> fazendo calar o tropel sonoro
> da minha alma inquieta, sensorial,
> num recanto qualquer
> do jardim dos meus sentimentos.

E num poema como "O teu nome é paixão", a sensação emerge como a vertigem de uma onda, em que a conexão com o outro que se deseja e com quem se estabelece um diálogo íntimo faz com que tudo tenha sentido na voz que entretanto se agiganta:

> sinto que toda eu sou um poema dos sentidos, exuberante,
> cheia de viço e força, como se o meu corpo fosse um tronco
> onde o látex rebenta em belas lágrimas de âmbar.
> sinto-me analfabeta do amor, face à grandeza do teu amor
> sim o teu amor!!!... e que amor!!!...

Não admira, pois, que seja a sinestesia a figura retórica que sobressai em porções generosas no lirismo poético de Sónia Sultuane. Exuberante rapsódia de sensações e emoções, a sinestesia acaba por instituir-se como reinvenção da própria sensação, seja ela tátil, visual, olfativa ou mesmo sonora:

> Um poema de descontentamento
> que enrola os meus sentimentos
> num xaile negro e na voz desconhecida
> que canta a minha dor.

Seria ilusório, no entanto, acreditar que a peregrinação poética e sensorial de que o leitor é testemunha e cúmplice, nesta obra, assenta em exercícios gratuitos de irracionalidade lírica. A comprová-lo estão, entre outras, as demonstrações reiteradas de uma consciência do próprio fazer poético, de que poesia, afinal, são palavras: "As palavras são a exterioridade que reveste o meu coração" (**Palavras**); "Caminho com meus pés sem medo das palavras" (**Vocabulário**); "Só tu conheces o texto onde me reescrevo" (**Pontuação**); "Por ti/ dou todos os verbos autênticos que conheço" (**Gramática**).

Será, porém, na espiritualização das sensações, no misticismo que atravessa grande parte dos poemas de *Roda das Encarnações*, onde uma espécie de aprofundamento e questionamento da existência individual, numa perspectiva atemporal, nos transporta para uma dimensão outra, diríamos mesmo inapreensível. Isto é, a mesma voz poética que, em algum momento, e assume como "uma vagabunda/ no mundo dos sentimentos", procura, agora, levar-nos mais longe.

Tal é o caso de uma viagem imaginária, difusa e onde o próprio limite é o Universo:

> nessa viagem de sonho sem norte nem sul
> procurando dentro de mim os desconhecidos
> oceanos que me purificarão,
> procurando dentro de mim a essência
> que mate a minha imensa sede de saber
> com a certeza de apenas servir a verdade
> do que sou
> nesta nova missão espiritual.

E a poesia vai-se derramando numa religiosidade sem religião, onde Deus, Natureza, Universo, Tempo, Lugar, Cosmos, *karma* se entrelaçam num círculo mais de busca de transcendência do que propriamente da sua afirmação ou realização.

E na intensa e envolvente dicotomia vida-morte, emerge um sentido de mortalidade da qual se renasce quase que indefinidamente, numa aparente negação dessa mesma dualidade. E aí percebemos que, sair da roda das encarnações, quando se sai, mais do que redenção, significa sobretudo abraçar a eternidade, superação das prisões que o corpo, isto é, as sensações foram engendrando na travessia do tempo e da memória.

Setembro de 2016.

Francisco Noa

A autora

SÓNIA SULTUANE nasceu em Maputo, Moçambique, em 4 de março de 1971. É uma artista multifacetada: poeta, artista plástica e curadora. *Sonhos*, de 2001, é sua obra de estreia em poesia.

Seu mérito como escritora e artista plástica foi reconhecido, por seu papel social na valorização das mulheres do mundo no Festival Internacional de Poesia *Mujeres Poetas Internacional*, organizado pelo Círculo de Escritores Moçambicanos na Diáspora, que a distinguiu como "Escritora do ano 2014". Além disso, é autora do projeto artístico *Walking Words 2008*, inserido em diversas disciplinas artísticas.

Foi agraciada com o "Prémio Femina 2017", que distingue as Notáveis Mulheres Portuguesas e da Lusofonia, das Comunidades Portuguesas, Lusófonas e Luso-descendentes. Recebeu a distinção "por mérito nas Letras: *Literatura – Poesia*".

Tem participação nos meios literário e jornalístico de Moçambique, como membro da Associação dos Escritores Moçambicanos, e como colaboradora em alguns meios da imprensa moçambicana.

Sua obra literária faz parte de várias antologias desde 2003.

Obras

- 2001 – *Sonhos*. Maputo: Associação dos Escritores Moçambicanos.
- 2006 – *Imaginar o poetizado*. Maputo: Soc. Editorial Ndjira.
- 2009 – *No colo da lua*. Maputo: edição própria.
- 2014 – *A Lua de N'weti*. Santo Tirso: Editorial Novembro.
- 2016 – *Roda das encarnações*. Maputo: Fundação Fernando Leite Couto.
- 2017 – *Celeste, a boneca com olhos cor de esperança*. Santo Tirso: Editorial Novembro.

Nota sobre a grafia da edição brasileira de
***Roda das encarnações*, de Sónia Sultuane**

Como forma de não interferir na expressão poética da autora, a editora optou por respeitar a grafia original dos seguintes termos: actos, afecto(s), afectuoso, directa, objectivo, olfacto, nocturna(s), nocturno, reflectir.

Segundo o Acordo Ortográfico da Língua Portuguesa de 1990, os termos seriam grafados como segue: atos, afeto(s), afetuoso, direta, objetivo, olfato, noturna(s), noturno, refletir.

fontes	Cabin (Impallari Type)
	Aganè (Danilo de Marco)
papel	Avena 80 g/m²
impressão	Margraf